NOTICE

SUR

CAMILLE DE NEUVILLE,

ARCHEVÊQUE DE LYON SOUS LOUIS XIV,

Par A. Pericaud,

BIBLIOTHÉCAIRE DE LA VILLE DE LYON,
DES ACADÉMIES DE LYON, DIJON, MACON, CHAMBÉRY, etc.

LYON,
IMPRIMERIE DE J. M. BARRET, PLACE DES TERREAUX.

M. DCCC XXIX.

Tiré à 100 Exemplaires.

NOTICE

SUR

CAMILLE DE NEUVILLE.

✠✠✠

Ceux qui connaissent l'oraison funèbre que Massillon a faite de Camille de Neuville, trouveront bien froide la notice que je vais consacrer à cet illustre prélat qui, pendant près de quarante années, gouverna avec une rare sagesse l'église et la ville de Lyon, qui a laissé dans nos contrées une mémoire qui n'est point affaiblie et qui ne méritait point l'injuste oubli des biographes qui devaient au moins quelques lignes à celui que l'un de nos plus éloquens prédicateurs avait si dignement loué [1].

Camille de Neuville de Villeroy, fils de Charles, marquis d'Halincourt, et de Jacqueline de Harlai, naquit à Rome, où son père exerçait les fonctions d'ambassadeur, le 22 août 1606; il fut baptisé le jour de S. Louis, 25 du même mois; il eut pour parrain Paul V, et reçut le nom de Camille que ce pape portait avant son élection. Cette circonstance, qui dut influer sur sa vocation, le porta sans doute, dès l'âge le plus tendre, à embrasser l'état ecclésiastique. Ses parens ne négligèrent rien pour l'entretenir dans ces dispositions, et pour lui donner une éducation digne du rang qu'il devait occuper un jour dans le monde. Le marquis d'Halincourt ayant été nommé gouverneur de Lyon [2], en 1608, fut rappelé de son ambassade l'année suivante; il ramena son jeune fils, pour lequel il obtint de Louis XIII, en 1611, le titre d'abbé d'Ainay; mais Camille n'ayant alors que cinq ans, le pape lui donna un bref pour qu'il pût jouir de ce bénéfice avant l'âge canonique. Quelque temps après, il entra chez les jésuites de Lyon pour y commencer ses études, sous la direction du théologien Besian Arroy 3, son professeur particulier. A peine eut-il atteint sa douzième année, qu'Antoine de Nérestan, abbé de l'île Barbe, résigna son titre en faveur de Camille, qui, deux ans plus tard, en 1620, fit reconstruire l'église de cette antique abbaye, que les protestans avaient démolie en 1562. Cependant le jeune abbé continuait ses études avec succès; à seize ans il composa un panégyrique de Paul V, qui lui acquit une grande réputation parmi ses condisciples. 4 Quand il eut achevé ses cours de philosophie et de théologie, Besian Arroy l'accompagna à Rome, où il prit le bonnet de docteur; mais il revint bientôt à Lyon. Sa qualité d'abbé d'Ainay le mit dans le cas d'avoir de fréquentes relations avec un des hommes les plus éclairés de son siècle, François de Sales, qui, dans un de ces entretiens où s'épanchait leur belle âme, lui présagea qu'il serait un jour plus que lui dans l'église. Mais avant l'accomplissement de la prédiction du pieux évêque de Genève, Camille dut, non moins à son mérite qu'au crédit dont sa famille jouissait à la cour, plusieurs dignités civiles et ecclésiastiques 5. Ce ne fut que trente ans après la mort de S. François de Sales, et le 26 mai 1653, qu'il monta sur le siége épiscopal de Lyon, vacant par la mort du cardinal Alphonse du Plessis 6. Il fut sacré le 29 juin suivant, dans l'église cathédrale de S. Jean, par Jean de Nuchèze, évêque de Mâcon, Jean de Lingendes, évêque de Châlons, et Ferdinand de Neuville, son frère, alors évêque de S. Malo; des mains duquel il reçut le pallium. Cette cérémonie fut accompagnée de réjouissances publiques. Nicolas de Neuville, autre frère de notre prélat, était à cette époque gouverneur du Lyonnais 7; il avait pour lieutenant général, depuis 1645, Camille, qui, s'étant fait une loi de ne pas quitter sa résidence, avait à supporter seul le double fardeau de l'autorité spirituelle et temporelle 8. L'administration de Camille fut extrêmement remarquable, et, comme l'a dit l'auteur des *Mazures de l'isle Barbe*, tom. I, pag. 316, « ses glorieuses actions mériteroient seules un » gros volume. „ Toutefois, puisque ce n'est point une histoire que j'ai entreprise, mais une simple notice, je dois me borner à recueillir les particularités les plus intéressantes de sa vie publique et privée. Un de ses premiers soins, en montant sur le siége des Irénée et des Pothin, fut d'employer toute sa vigueur et toute son autorité pour ramener à des mœurs plus sévères le clergé de son diocèse, et d'achever la réforme qu'avait tentée le cardinal de Lyon, sous le règne de Louis XIII. Il publia, à diverses reprises, des statuts et des règlemens dont plusieurs articles ont été renouvelés par ses successeurs 9.

Le pieux prélat ne rencontra que peu d'obstacles pour la réforme des abus et la destruction des préjugés superstitieux répandus parmi le peuple. Il eut même le bonheur de ne point voir son diocèse agité par les disputes du jansénisme, et il obtint, sans éprouver la moindre résistance 10, que son clergé signât le formulaire relatif aux cinq propositions condamnées par Innocent X. Parmi les établissemens qu'il fonda, ou qui prirent naissance sous son épiscopat, on doit mentionner le séminaire de S. Irénée 11, où les jeunes gens destinés à l'état ecclésiastique, achevaient leurs études; celui de S. Charles, espèce d'école normale, d'où sortaient les instituteurs qui dirigeaient les petites écoles, où l'on admettait gratuitement les enfans de la classe indigente; l'institution des Sœurs de S. Charles, qui subsiste encore et qui eut pour fondateur Charles Démia 12; les Trinitaires, chanoines réguliers de l'ordre de S. Augustin, qui rachetaient les captifs; les Missionnaires de S. Joseph et ceux de S. Lazare, qui allaient prêcher dans les campagnes;

la communauté du Bon Pasteur, qui servait d'asile « aux « personnes du sexe qui voulaient se retirer du vice ; » la maison des filles pénitentes, destinée aux filles de famille qui avaient été déréglées dans leur conduite ; celle des nouvelles catholiques, pour l'instruction des filles qui voulaient changer de religion. On doit citer encore un bureau de prêt gratuit et de conseil charitable pour les indigens, établi dans une des salles de l'archevêché 13. Enfin on ne doit pas passer sous silence la sécularisation de l'abbaye d'Ainay, qui se fit en 1685, en vertu d'une bulle d'Innocent XI. Tels sont les principaux faits de son administration épiscopale. Les actes de son autorité, en qualité de lieutenant général, ont été sans doute très-nombreux, mais nos annales sont presque muettes à cet égard. Tout ce qu'en ont dit les mémoires contemporains, c'est qu'il seconda de tout son pouvoir les magistrats de Lyon dans tout ce qui pouvait contribuer à la prospérité de cette ville, et y maintenir la paix et la tranquillité pendant les troubles civils qui agitèrent une partie de la France sous la minorité de Louis XIV. Doué de toutes les qualités du cœur et de l'esprit, il se fit aimer et respecter. Comme lieutenant général, nul ne sut aussi bien représenter que lui, tandis que, comme archevêque, il conserva toujours l'extérieur de l'humilité 14. Sa seule ambition fut de rendre heureux le troupeau dont il était le chef et le pasteur. Nécessaire à tous, il fut toujours à la portée de tous ; il avait, suivant l'expression de Massillon, détruit cette muraille de séparation qu'un usage peu chrétien met entre les grands et le peuple ; il ne fallait pas, pour pénétrer jusqu'à lui, acheter la faveur d'un domestique, ou mériter, par de longues et ennuyeuses assiduités, le moment favorable du maître ; il avait réconcilié la grandeur avec l'affabilité, et, en l'abordant, on ne s'apercevait de son autorité que lorsqu'il accordait des grâces 15. Constamment appliqué à faire fleurir le commerce et l'industrie, le tribunal de la Conservation qui, dans son établissement, fut si fort traversé, est un des plus beaux monumens de son crédit auprès du roi 16. Lorsque ce prince, qui l'honorait d'une affection toute particulière, donna le bâton de maréchal au duc de Villeroy : « Mandez, lui dit-il, cette nouvelle à votre » oncle l'archevêque de Lyon, et qu'il sache que si je » vous ai fait maréchal, c'est pour le faire vivre quel- » ques années davantage. » Camille remercia le roi, et témoigna le désir de voir son neveu. Louis y consentit et remit au maréchal une lettre autographe pour son oncle. « Monsieur l'archevesque de Lyon, écrivait le roi, » j'ai lu avec bien du plaisir ce que m'avez écrit sur » la justice que j'ai rendue au duc de Villeroy vostre ne- » veu, à la mémoire de son père et à vos propres services. » Je souhaite que cette nouvelle marque de ma confiance » et de mon estime vous fasse encore bien porter plusieurs » années, et vous mette en estat de venir ici. Personne, » sans exception, ne vous y verroit avec plus de joie » que moi, qui prie Dieu, Monsieur l'archevesque, qu'il » vous ait en sa sainte garde. A Versailles, le 13 avril » 1693. *Signé* LOUIS 17. » Camille était dans sa belle maison de campagne, à Neuville, lorsqu'il reçut avec cette lettre les embrassemens de son neveu. Il se délassait quelquefois de ses pénibles travaux au sein de cette retraite qu'il avait embellie à grands frais 18. Un autre prélat, le célèbre d'Epinac, y avait aussi cherché, après les fureurs de la Ligue, un repos qu'il n'y sut point trouver 19; bien différent du chancelier de Mayenne, Camille, libre d'ambition, y rencontra le bonheur, et doubla ses jouissances en répandant ses bienfaits sur les habitans de la contrée. Il fit relever l'antique château d'Ombreval, planter des avenues, entourer de murs un parc immense, où les seigneurs des provinces voisines venaient chasser le cerf 20. Des statues d'un grand prix, de superbes jets d'eau, des bosquets et des salles d'ombrage contribuaient à l'ornement de ses jardins. Il fit aussi construire dans le hameau de la Saulsaye, situé dans la Bresse et voisin de son parc, un château, sur le portail duquel on lisait cette inscription : NUL N'EST BIEN VENU CÉANS QU'IL N'Y SOIT APPELÉ.

C'est dans ce dernier château, principalement destiné au logement des ecclésiastiques, qu'il tenait son conseil épiscopal, tandis que le château de Neuville était indifféremment ouvert à la noblesse et à toute sorte de personnes. Dans le premier, régnait la plus grande frugalité; dans le second, tout respirait le luxe et la magnificence. Un de ses amis intimes lui rapportant un jour qu'il avait entendu blâmer ce faste, comme excessif dans un prélat: « Neuville et sa dépense, lui répondit-il, ne sont ni de » l'archevêque, ni de l'archevêché, mais au roi qui » en a laissé la disposition à son gouverneur; et comme » il est autant magnifique que grand, il lui a ordonné » d'y bien loger et d'y bien régaler ceux qui devroient y » venir de sa part, ayant pourvu par ses bienfaits à cette » double honnêteté. »

Lorsque tous les travaux auxquels Camille avait employé de préférence les habitans du pays, furent achevés, il établit à Neuville des moulins à grains, des moulins à organsiner la soie, des usines, des ateliers et des fabriques de toute espèce; dans une de ces fabriques, plus de cent ouvriers étaient occupés à mettre la soie en œuvre. C'est à cette époque que fut établie la diligence par eau de Lyon à Neuville, pour la commodité des officiers de sa maison et du grand nombre de personnes que leurs affaires ou leurs plaisirs appelaient à Neuville. On doit encore à la munificence du noble prélat la fontaine publique et la belle église de Neuville, dans la sacristie de laquelle fut gravé en lettres d'or, sur un marbre noir, le contrat par lequel il avait établi une fondation pour desservir l'église. Camille, courbé sous le poids des ans et des infirmités inséparables de la vieillesse, se proposait de finir ses jours dans l'asile délicieux qu'il s'était choisi, lorsque l'événement le plus imprévu vint l'arracher à la solitude. En 1668, sa seule présence avait suffi pour faire rentrer dans le devoir les ouvriers en soie révoltés contre le consulat, qui venait de publier de nouveaux règlemens sur la fabrique 21. Mais le peuple se souleva pour une cause bien plus grave, vers la fin du mois de mai 1693. La récolte avait manqué l'année précédente, le blé était extrêmement rare dans tout le royaume, et surtout à Lyon; le pain était à un prix excessif et suffisait à peine pour la consommation journalière des habitans. Le consulat fit venir à grands frais, du Languedoc, des céréales qui se vendaient dans un grenier public, à prix fixe, mais bien au-dessous de ce qu'elles avaient coûté. Cette mesure déplut à la populace qui était persuadée que l'on voulait faire une spéculation à ses dépens, et que l'on n'avait établi ce grenier que pour créer un nouvel impôt. Aux murmures succédèrent bientôt les menaces et les violences. Une foule innombrable d'hommes et de femmes abandonnant les ateliers, se porta devant les maisons des magistrats, puis se dirigea vers le palais du gouverneur, résidence habituelle de l'archevêque. « Monseigneur, s'é-» criaient-ils, si vous n'avez pas pitié de nous, nous » sommes perdus. » Camille, attendri par ces tristes paroles, les accueillit avec bonté, leur assura qu'il avait l'espoir de soulager bientôt la misère publique, et parvint, ou du moins crut être parvenu à calmer les esprits. Il écrivit au roi, afin de prendre ses ordres dans un moment si critique, et il retourna à Neuville pour attendre les instructions de la cour, et se remettre de l'émotion qu'il avait éprouvée; mais un nouveau courrier vint lui annoncer, pendant la nuit, que la populace, interprétant mal son départ, s'était soulevée une seconde fois. Camille, malgré les avis de son médecin, n'écoute que son devoir et revient à Lyon. A sa voix, le peuple auquel il réitère, dans les termes les plus touchans, la promesse de la veille, se retire en silence. Mais son dévouement devait lui coûter la vie. Une fièvre violente et continue, occasionée par la crainte de ne pouvoir assez tôt faire cesser la disette, atteignit le vénérable vieillard qui, peu de jours après, descendit au tombeau 22. Sa mort, arrivée le 3 juin 1693, causa un deuil universel dans une ville qui perdait en lui un protecteur et un père. Louis, en apprenant sa mort, témoigna qu'elle lui était d'autant plus sensible, qu'elle le privait d'un de ses meilleurs amis. Les entrailles du prélat furent enterrées dans la cathédrale ; son cœur fut déposé dans l'église de Neuville, et son corps dans une des chapelles de l'église des Carmélites 23 fondée par Jacqueline de Harlai, sa mère, qui y avait été inhumée (en 1618), ainsi que Charles de Neuville, son mari (en 1642). On prononça son oraison funèbre dans ces trois églises ; on lui fit de magnifiques obsèques dans tout le diocèse, et principalement au collége de la Trinité. Le P. de Colonia, alors professeur de rhétorique, y fit en latin son panégyrique, et, divisant son discours en trois points, il prouva que l'illustre défunt avait eu la fidélité d'un sujet, le génie d'un grand ministre et le zèle d'un saint prélat. 24 Camille, par son testament mystique du 31 décembre 1690 (déposé aux minutes de M. Perrachon, notaire à Lyon), institua pour son héritier son petit neveu, le marquis d'Halincourt, fils du maréchal de Villeroy ; il fit beaucoup de legs pies et rémunératoires 25 ; il donna sa bibliothèque au grand collége des jésuites de Lyon, et voulut qu'incontinent après sa mort tous ses livres leur fussent remis à l'exception des *Conciles*, imprimerie du Louvre, et de la *Bibliothèque des Pères*, qu'il légua au sieur Curtillat, curé de Neuville. Il pria « les pères jésuites de faire dire beaucoup » de messes pour lui par l'amitié qu'ils lui ont toujours » portée, et par l'estime qu'il a toujours eue pour leur » compagnie. » La bibliothèque léguée par Camille aux jésuites fut placée dans la salle attenant au grand vaisseau. Son buste en marbre, d'une assez bonne exécution et qui subsiste encore, fut mis dans cette salle, qui prit le nom de *salle Villeroy* 26. Le P. Louis Jacob, dans son *Traitté des plus belles bibliothèques....*, Paris, 1655, in-8.°, pag. 33 de l'*Appendix*, parle en ces termes de Camille : « Il ne possède pas seulement ces belles qualités d'esprit » de ces grands hommes des Villeroys desquels il est yssu, » mais aussi le voyons-nous porté d'un grand zèle aux » bonnes lettres et pour l'augmentation de sa magnifique » bibliothèque qui a près de quatre mille volumes en » toutes les sciences et en diverses langues, particuliè» rement des livres espagnols, lesquels sont tous riche» ment reliés de maroquin incarnat du Levant, avec les » armes de ce seigneur, qui sont un chevron à trois croix » ancrées. » Si, à l'époque où le P. Jacob publia son *Traitté*, Camille possédait près de quatre mille volumes, il est à présumer que ce prélat qui vécut encore presque un demi-siècle, dut au moins tripler sa bibliothèque; car il en est des bibliophiles comme des avares, *crescit amor* librorum *quantum ipsa* bibliotheca *crescit.* Elle devait être, en effet, fort considérable, puisque, après sa mort, elle fut estimée, si l'on en croit Guichenon 27, plus de 80,000 francs. Une partie des livres de Camille existe encore dans la bibliothèque de notre ville qui fut, comme on le sait, indignement dilapidée pendant nos troubles révolutionnaires; mais quoique ces livres soient maintenant disséminés dans les différentes salles de cet établissement, ce qui en reste est facile à reconnaître à la simple inspection des volumes : presque tous ceux qui sont reliés en maroquin viennent de sa bibliothèque ou de celle du P. Lachaise, confesseur de Louis XIV 28. Les sciences et les lettres fleurirent sous l'épiscopat de Camille; il suffit, pour s'en convaincre, de jeter les yeux sur la partie de l'*Histoire littéraire de Lyon*, où le P. de Colonia parle du 17.ᵉ siècle; un grand nombre d'ouvrages sortis des presses de nos imprimeurs, lui furent dédiés; je n'en citerai que cinq :

1.° *Histoire ecclésiastique de la ville de Lyon, ancienne et moderne*, par Jean de Saint-Aubin (publiée par le P. Ménestrier); Lyon, 1666, in-fol. La dédicace que le libraire Benoît Coral fit à Camille de cette *Histoire*, pourrait bien avoir été composée par le P. Ménestrier 29; le lecteur en jugera par cet échantillon : « ..... Vostre grandeur est l'homme de Dieu et du roy dans les deux emplois qu'elle exerce; et il y a déjà long-temps que l'union de ces deux charges nous fait un jubilé continuel..... Les visites de vostre diocèse 30 sont aussi fréquentes que si vous n'aviez pas ce soin ; et vous gouvernez la province comme si vous n'aviez point d'autre pensée que de pourvoir à nostre repos....; d'un œil vous veillez sur le sanctuaire, tandis que vous avez l'autre au gouvernement politique ; vous avez une oreille pour les requestes sacrées, et vous réservez l'autre aux affaires de l'estat; d'une main vous tenez la houlette pour la conduite de vostre troupeau, et de l'autre vous soutenez la baguette pour commander. Vous suffisez seul à deux emplois que Dieu partagea à deux frères. Vous offrez les sacrifices comme Aaron, et vous conduisez le peuple comme Moyse. Vous entrez dans le sanctuaire, et vous agissez au dehors. Vous avez aussi ce double esprit que Dieu ne donne qu'aux héros 31..... »

2.° *Histoire ecclésiastique de Lyon*..... par J. M. de la Mure.... Lyon, 1671, in-4.° Parmi les pièces préliminaires, on remarque ce distique sur le double anagramme de *Camillus de Neuville* (*Flamen ille oculus Dei — Lucens ille famulus Dei*) :

ILLE DEI est OCULUS cœlesti à flamine FLAMEN,
Ardens ac LUCENS ILLE DEI FAMULUS.

3.° *La défense de la sainte Messe et de ses dépendances*... par M. Jean Balcet..... Lyon, Pierre Compagnon, 1656, in-8.° Sur le verso du titre de cet ouvrage, on lit ce curieux anagramme : *Eucharistiæ Sacramentum*. CARA CERES MUTATA IN IESUM.

4.° *Le Droict* des evesques, etc..... par M.r le Maire.... seconde partie. Paris, 1676, in-8.°

« Vous remuez, dit à Camille l'auteur dans son *Epistre*, les choses inférieures de la mesme façon que les intelligences meuvent les sphères célestes, c'est-à-dire sans se lasser; toujours dans un perpétuel mouvement, et toujours dans un parfait repos. Vostre salle qui est pleine à huit heures du matin est vuide à neuf 32. Vous parlez peu, mais vous parlez juste; vous ne dites point de mot qui ne pèse et qui ne porte...... Vous conduisez votre diocèse de l'esprit et des yeux..... L'on n'y parle ni d'excommunication, ni d'interdit..... »

5.° *La France toute catholique sous le règne de Louis-le-Grand*..... Lyon, Jean Certe, 1684, 3 vol. in-12. Cet ouvrage parut sous le voile de l'anonyme. On lit sur la garde du premier volume de l'exemplaire que j'ai sous les yeux, et qui a appartenu à Camille de Neuville, cette note manuscrite: « Ce livre a esté composé par M.... Laurenceau qui avoit esté longtemps jésuite dans la province de Guyenne. Il le composa estant prisonnier à Pierre Encise, et à cette considération il obtint sa grâce de S. M. » Le livre dont il s'agit est sans doute le même que celui dont M. Barbier a enregistré le titre dans son *Dictionnaire des anonymes*, n.° 6869, et que cet estimable bibliographe attribue à un sieur Gautrol qui m'est aussi inconnu que le P. Laurenceau; toutefois il pourrait bien se faire qu'ils fussent tous deux auteurs de la *France toute catholique*, puisque la dédicace qui en a été faite à l'archevêque de Lyon, est terminée par ces mots qui indiquent assez que l'ouvrage n'a pas été composé par un seul individu: « *De votre excellence les très-humbles et très-obéissans serviteurs*. ****** » Quoi qu'il en soit, l'auteur ou les auteurs paraissent n'avoir eu d'autre intention que celle de réfuter l'Histoire du calvinisme et du papisme *mise en parallèle*, publiée par le ministre Jurieu, en 1682; celui des deux qui a rédigé l'avertissement, après avoir exposé le plan de l'ouvrage, ajoute qu'il ne croit pas que les apologistes des protestans « osent désormais se promettre » de nous persuader qu'on puisse être bon huguenot et » bon françois. »

Il existe plusieurs portraits de Camille de Neuville. Le plus authentique et le plus connu, est celui qui fait partie de la collection de Montcornet. Sa vie, écrite par Germain Guichenon, religieux augustin, neveu de l'historien de la Bresse et du Bugey, Trévoux, 1705, in-12, est presque impossible à lire, tant l'auteur est diffus dans sa narration et ampoulé dans son style. J'y ai cependant puisé quelques faits que je n'ai pas retrouvés ailleurs.

Camille eut pour successeur sur le siége épiscopal de Lyon, Claude de Saint George, auquel Poullin de Lumina a accordé une cinquantaine de pages dans son *Histoire de l'Eglise de Lyon*, quoiqu'il ait à peine donné cinquante lignes à son prédécesseur. Comme lieutenant général, il fut remplacé par Alphonse de Créqui, comte de Canaple 33, qui fut rappelé en 1697; le commandement de la ville fut alors remis au prévôt des marchands et aux échevins, et celui des trois provinces qui composent le gouvernement, fut donné à Charles de Châteauneuf, marquis de Rochebonne 34.

***

NOTES.

***

1 Massillon prononça sans doute cette oraison funèbre à Lyon. Il est à présumer que cet illustre prédicateur fit plusieurs séjours dans notre ville pendant qu'il professait la rhétorique à Vienne, chez les Pères de l'Oratoire. On lit dans plusieurs biographies, qu'il avait fait, peu de temps avant l'oraison funèbre de Camille de Neuville, celle de Henri de Villars, archevêque de Vienne, mort plus de six mois après Camille, le 28 décembre 1693 : ce fait est-il bien exact ?

2 Il succéda à Philibert de la Guiche qui, en 1695, avait succédé à François de Mandelot. Depuis 1608 jusqu'à la révolution, le gouvernement de Lyon a été sans interruption dans les mains de la maison de Villeroy. Le dictionnaire de Moréri n'est pas d'accord, avec les Almanachs de Lyon sur les prénoms de plusieurs de nos gouverneurs.

3 Besian Arroy, prieur et chanoine de l'Ile Barbe, mourut en octobre 1677, dans un âge fort avancé ; outre les ouvrages indiqués dans l'article que M. Beuchot lui a consacré dans la *Biographie universelle*, on a encore de cet écrivain un *Traité des usures*, Lyon, 1674, in-12, de 124 pages. L'auteur annonce dans cet opuscule qu'il est attaché à l'église de Lyon depuis plus de cinquante ans. Un docteur de Sorbonne, Bedian (sic) Morange, dont le nom a échappé à la *Biographie universelle*, lui a dédié un petit volume intitulé : *Libri de Prœadamitis brevis analysis, qua paucis totius libri fundamentum exponitur et evertitur.* Lugduni, apud A. Jullieron et A. Baret, 1656, in-12 de viij et 67 pages. La dédicace est datée de *Vimy* (Neuville), 2 *non. januarii.*

4 Ce panégyrique fut imprimé en 1620 ; c'est du moins ce qu'on lit dans le dernier chapitre d'une chronique de l'abbaye d'Ainay, composée en 1675, par J. M. de la Mure, que je crois inédite, et dont le manuscrit existe à la bibliothèque de Lyon.

5 Ce n'est qu'en 1661 qu'il fut nommé commandeur de l'ordre du Saint-Esprit. En 1656, il était déjà conseiller du roi en ses conseils d'état et privé.

6 Voy. la notice sur cet archevêque, tom. X des *Archives du Rhône*, pag. 128-146.

7 Il avait succédé à son père, mort en 1642.

8 Le P. de Bussières, dans une pièce de vers intitulée *Lugdunum suis proregibus*, et insérée à la suite de sa *Basilica lugdunensis*, exprime assez bien les sentimens de la ville de Lyon pour ses gouverneurs :

. . . .
Sum duce tuta meo, sum præsule tuta Camillo ;
Hæc Neovillæis debita cura *diis*.
Alter abest, sed neuter abest, mihi consulit absens
Et præsens votis adstat uterque meis.
Nil metuant cives, nil credita mœnia Planci,
Frater uterque novus dum mihi Plancus erit.

« Le terme de *diis*, observe le P. de Colonia, *Histoire litt.*, » tom. II, pag. 718, ressent trop le paganisme ; l'auteur, qui » étoit jésuite, n'auroit pas dû en faire usage en cet endroit. »

9 Il défendit aux ecclésiastiques de fréquenter les cabarets, « chose indigne de la sainteté et de la modestie de leur profession. » Instruit que plusieurs d'entre eux tenaient chez eux de jeunes servantes, « ce qui est suspect et dangereux, » il leur ordonna de les congédier. Il supprima les processions qui se faisaient en des lieux trop éloignés, et qui « se prolongeant pendant la nuit, étaient la » cause de beaucoup de désordres. » Il abolit la coutume d'aller processionnellement faire la bénédiction des eaux dans les sources publiques. Il défendit à tout prêtre « d'entendre les confessions dans » les maisons curiales, et encore moins dans celles des parti» culiers, à moins que ce ne fût en cas de maladie, et de n'ins» truire, ni enseigner, ailleurs qu'en faisant le catéchisme public, » les filles, de quelque âge qu'elles fussent. » Il enjoignit aux curés et aux vicaires, lorsqu'ils baptiseraient les enfans, « de faire l'as» persion de l'eau avec une coquille ou une burette, et de prendre » garde qu'elle ne retombât pas dans les saints fonts. » Il voulut que, lorsqu'ils feraient quelques fonctions ecclésiastiques, « ils

« fussent en soutane et en surplis, et non en soutanelle et en » chapeau ; comme aussi qu'on ne pût célébrer la messe avec une » perruque *, ni faire aucune harangue funèbre sans sa per» mission expresse ou par écrit. » Il enjoignit aux archiprêtres, procédant à leurs visites annuelles, de briser les calices, vases et ornemens indécens. Il voulut enfin que les congrégations ecclésiastiques qui « étoient devenues des occasions de divertissement » et de dissipation ne fussent plus à l'avenir errantes ou déam» bulatoires, et, pour éviter les excès de bonne chère qu'on y » pourroit pratiquer, que nul ne pût donner plus de *quinze sous* » pour le repas. » Il se réserva, *privativement* à tous autres, le pouvoir d'absoudre au *for interne*, les sacriléges, les assassins et homicides volontaires, ceux qui se seraient battus en duel, ou qui auraient commis des péchés contre nature, les sorciers, les devins, les enchanteurs, les magiciens et tous ceux qui les enquièrent et s'en servent, notamment ceux qui nouent l'esguillette et empeschent la consommation du mariage ; enfin il ordonna que les deniers provenant de l'usage du beurre et du lait fussent remis par les curés aux archiprêtres, qui les verseraient au trésorier de l'hôtel-Dieu de Lyon, sans pouvoir les retenir ou divertir à autres effets, ni même les appliquer à d'autres hôpitaux. *Règlemens et ordonnances* de 1663 ; *Nouveaux Règlemens et statuts* de 1670.

10 Mandement (du 27 août 1661). Lyon, Ant. Jullieron, 1661, in-4.° de 6 pages.

11 Le premier supérieur de ce séminaire, établi en 1659, fut M. Hurtevent, disciple de M. Olier, fondateur du séminaire de S. Sulpice, à Paris.

12 La vie de M. Démia a été publiée par M. l'abbé Faillon, Lyon, Rusand, 1829, in-8.° On y trouve une infinité de faits et de documens pour l'histoire de Lyon pendant le 17.e siècle.

13 On peut consulter sur l'origine et le but de tous ces établissemens les anciens *Almanachs de Lyon*. Voyez aussi le *Catalogue des archevêques de Lyon*, pag. XXXII, dans le *Rituel du diocèse de Lyon*, imprimé par l'autorité de M. de Montazet.... Lyon, 1787,

* Thiers, dans son HISTOIRE DES PERRUQUES, s'était déjà élevé contre les ecclésiastique qui faisaient usage de perruques. Toutefois il est juste d'observer que de son temps, et surtout pendant le siècle de Louis XIV, la forme des perruques était extrêmement bizarre.

in-4.° Camille de Neuville avait aussi donné un Rituel en 1691 et un bréviaire en 1693.

14 « ..... Comme archevêque, il n'y avait point de prélat en France plus mal vêtu et moins meublé que lui ; comme, au contraire, il n'y avait point de gouverneur dans le royaume qui l'égalât en équipage et en magnificence.... *Vie de Camille de Neufville*, par Guichenon, pag. 267.

15 Massillon, *Oraison funèbre de M. de Villeroy.*

16 Guichenon, pag. 286, et Massillon, *loc. cit.* L'établissement de la Conservation date de 1648.

17 *Mercure galant*, avril, 1693. On a remarqué dans cette lettre que Louis XIV appelle *Monsieur*, l'archevêque de Lyon. Aujourd'hui, quand le roi écrit à un prélat, il l'appelle Mons l'évêque ou Mons l'archevêque, et le mot *Mons* offre *ad libitum* l'abréviation de Monsieur ou de Monseigneur. Boiste et la plupart de nos lexicographes ont, ce me semble, eu tort de dire que *Mons* n'était qu'une abréviation familière et ironique du mot *Monsieur*, puisque c'est aussi une abréviation fort grave de Monsieur et de Monseigneur.

18 Neuville portait autrefois le nom de Vimy ; cette petite ville, située à trois lieues de Lyon, était la capitale du Franc-Lyonnais, et dépendait de l'abbaye de l'Ile Barbe. C'est en 1666, et par lettres patentes du mois de juillet que les baronnies de Vimy, de Montanei, de Lignière, la terre d'Ombreval, les fiefs de Montjoly, etc., furent unis et érigés en marquisat sous le nom de Neuville, en faveur de Camille de Neuville. Expilly, *Dict. géogr.*

19 Voy. la notice sur Pierre d'Epinac, *Archives du Rhône*, tom. IX, pag. 204-222.

20 Il peupla son parc de bêtes fauves et d'oiseaux les plus rares. Sa meute était une des plus belles de France, et ses écuries contenaient environ cinquante à soixante chevaux de main. Le P. Jean de Bussières a fait une description latine, partie en prose, partie en vers, de cette maison de campagne, sous le titre de *Vimiacum villa ad Lugdunum* ; Lugduni, apud G. Barbier, 1661, in-4.° de 32 pages, réimprimée dans la seconde partie de ses *Miscellanea poetica*, Lugd., 1775, in-8.°, sous cet autre

titre : *Viatori Neovillam invisenti descriptio*. Les auteurs de la *Bibliothèque historique de la France*, tom. III, n.° 37424, et M. Beuchot, *Biographie universelle*, tom. II, pag. 534, attribuent au théologien Besian Arroy, dont j'ai déjà parlé, une autre description qui serait intitulée : *Domus Umbrævallis Vimiacæ descriptio*. Lugduni, 1661, in-4.°. J'ai quelques raisons de croire que ce livre n'existe pas, et que l'on a mal à propos attribué à Besian Arroy l'ouvrage du P. Bussières. La *villa Camille* n'est plus ce qu'elle était jadis ; presque tous les embellissemens qu'elle devait à l'art ont disparu peu à peu, depuis la mort du dernier seigneur de Villeroy ; la duchesse de Lauzun et le marquis de Boufflers l'ont successivement possédée ; celui - ci l'a vendue à une compagnie qui l'a divisée en plusieurs domaines. Un des nouveaux propriétaires a fait restaurer une salle appelée le *salon des échos*, parce que, dans quelque endroit qu'on se place, l'on y entend distinctement une personne qui parle très-bas, en appuyant ses lèvres contre le mur opposé. Cette salle était décorée de peintures représentant l'histoire d'Écho. M. Fortis, *Voyage pittoresque*, tom. II, pag. 286 et suiv. — Camille reçut, en 1668, la visite du grand Condé, qui venait de présider les états de Bourgogne. Ce prince passa quelques jours à Neuville. *Note de M. Cochard.*

21 Guichenon, pag. 234. Ce fut cependant à l'exécution des réglemens auxquels elles furent soumises, que les manufactures de Lyon, que les étoffes de soie durent cette forme si brillante et si solide qui les rendaient célèbres dans toute l'Europe. En 1685, huit ans avant la mort de Camille, on comptait à Lyon 2000 métiers, qui occupaient dix mille personnes ; en 1739, il y avait 7,500 métiers et 48,500 ouvriers ; vers le milieu du 18.e siècle, un recensement donna 10,000 métiers et 60,000 ouvriers. Voy. *Année littéraire*, 1759, tom. IV, pag. 150 ; et *Archiv. du Rhône*, tom. I, pag. 18.

22 Guichenon, pag. 237 ; *Vie de M. Démia*, pag. 210.

23 Spon, *Recherches des antiquités et curiosités de la ville de Lyon*..... Lyon, Jacques Faeton, 1673 ; petit in-8.°, ou avec un frontispice rafraîchi, Lyon, Ant. Cellier, 1675, pag. 147 et suiv. L'église des Carmélites a servi de sépulture à plusieurs autres personnes de la maison de Villeroy.

24 Voy. *Mercure galant*, septembre 1693 ; Guichenon, *loc. cit.*, pag. 183 et suiv. L'oraison funèbre prononcée par Colonia, a été

publiée sous ce titre : Laudatio funebris illustrissimi ecclesiæ principis Camilli de Neufville, archiepiscopi et proregis Lugduuensis, Galliarum primatis, etc., dicta die x kal. aug., ann. M. DC. X. CIII, in æde sacra collegii Lugdunensis sanctissimæ Trinitatis societatis Jesu, à Dominico de Colonia, ejusd. societ. sacerdote. Lugd., J. B. et N. de Ville, 1693, in-4.° de 31 pag., dont les cinq dernières contiennent *les Honneurs funèbres rendus à la mémoire* du même prélat dans la même église. Mon estimable collègue à l'académie de Lyon, M. l'abbé Labouderie, indique une édition de cet ouvrage, sous la date de 1694, dans la savante notice qu'il a faite sur le P. de Colonia, et qui précède la nouvelle édition qu'il a donnée en 1826, de l'un des meilleurs livres composés par le célèbre jésuite, *La Religion autorisée par le témoignage des auteurs payens*.

25 Câmille avait employé une partie de sa fortune en libéralités, long-temps avant sa mort. Voyez, sur le don qu'il fit aux petites écoles, d'une rente perpétuelle de plus de 1000 livres que lui devait le consulat, la *Vie de M. Démia*, pag. 207.

26 Elle perdit ce nom vers 1795, et prit celui de *salle Adamoli*, parce que l'on y plaça le portrait de ce généreux citoyen, ainsi que les livres qu'il avait légués à l'académie de Lyon, lesquels ont été récemment rendus à cette compagnie; depuis, cette salle a repris le nom de salle Villeroy. Voy. la *Notice sur la bibliothèque de Lyon*, *Archives du Rhône*, tom. VI, pag. 413 et suiv.

27 Vie de M. Camille de Neufville, pag. 270.

28 Camille avait eu pour écuyer un frère du P. Lachaise, et il était intimement lié avec ce dernier qui passa une partie de sa vie à Lyon; c'est lui « qui avait pris soin de dresser la bibliothèque » de Camille et de la remplir des livres les plus rares et les plus » curieux. » Ménestrier, Epistre dédicatoire de l'*Introduction à la lecture de l'histoire*. Les jésuites, pour perpétuer la mémoire des bienfaits des deux illustres amis, firent placer au-dessus de la salle Villeroy l'inscription suivante, qui existe encore, ainsi que celle dont je parlerai tout à l'heure, sur une planche qui a été retournée pendant la révolution :

Camillus de Neufville prorex archiepisc. et comes Lugdun.
Bibliothecam librorum non vulgarium refertissimam

Moriens supremis testamenti tabulis huic collegio attribuit
Adjecta commendatione operæ a PP. perplures annos in diœcesi
collocatæ
Futuram posteris sui erga Societatem studii
Et R. P. Franç. de la Chaise regi a confessionibus benevolentiam
monimentum
Anno M D C XCIII.

On lisait aussi cette autre inscription sur la balustrade de la galerie au fond de la grande salle :

Perenni memoriæ
Camilli de Neufville
Archiep. et proregis
Litterarium hoc monumentum
Patrocinii et beneficiorum memor :
Collegium societat. Jesu
Posuit ann. M D C LXXIV.

29 L'idée qui domine dans cette dédicace se trouve dans le quatrain suivant, que Ménestrier fit pour Camille, à l'occasion des réjouissances de la paix qui eurent lieu à Lyon en 1660 :

Au besoin du public mes bras toujours ouverts,
Règlent ses mouvemens, en modèrent la suite ;
Et, sous une sage conduite,
Je partage ma teste à deux emplois divers.

30 Camille visitait son diocèse en mars 1657 ; il apprit, à une lieue de Villefranche, que les habitans s'étaient mis sous les armes pour le recevoir ; mais il ne voulut point qu'on lui déférât ces honneurs, les jugeant peu conformes à la modestie et aux fonctions pastorales qu'il remplissait alors. *Note de M. Cochard.*

J'aurais peut-être dû parler dans cette notice du jubilé qui se fit à Lyon en 1666, à cause du concours de la Fête-Dieu avec celle de S. Jean-Baptiste. Le P. Lachaise, qui professait alors la théologie dans le grand collége de Lyon, publia à cette occasion un opuscule, in-4.°, de 44 pages, sous le titre de *Réponse à quelques théologiens*, etc., où il traita de l'établissement de ce jubilé qui se faisait pour la troisième fois. Le P. de Montauzan, dans une lettre sur le jubilé de Lyon (qui devait avoir lieu en 1734, au sujet du concours des mêmes fêtes), a fait une analyse de l'opuscule du P.

Lachaise, et cite, en faveur de l'usage de ce jubilé, le quatrain suivant, qu'on lit dans les anciens calendriers de Lyon :

Quand George Dieu crucifiera,
Quand Mars le ressuscitera,
Et lorsque Jean le portera,
Jubilé dans Lyon sera.

« c'est-à-dire, comme l'explique le P. de Montauzan, que toutes » les fois que la fête de S. George, qui est le 23 d'avril, arrive » le jour du vendredi-saint, et que celle de S. Marc, qui est le » 25 d'avril, tombe le jour de Pâques, alors la nativité de S. Jean-» Baptiste se rencontre dans un même jour que la Fête-Dieu, et » l'on a le jubilé dans l'église métropolitaine de S. Jean. »

J'aurais dû peut-être aussi ne pas passer sous silence une autre cérémonie religieuse qui eut lieu à Lyon le 10 juillet 1667, et qui attira sur la place de Bellecour 80,000 personnes ; c'est ce que nous apprend F. Minguet, champenois, dans un petit volume intitulé : *Lyon aux pieds de son Sauveur*..... Lyon, Ant. Molin, 1667, in-16 ; mais l'auteur ne dit point à quelle occasion se fit cette cérémonie. Toutefois je présume qu'il y eut vers cette époque un jubilé ensuite de l'avénement de Clément IX au trône pontifical ; quoi qu'il en soit, le volume de Minguet contient une trentaine de cantiques que l'auteur fait chanter par des députés de toutes les professions de la ville, qui viennent apporter leurs vœux et leurs présens aux pieds du Sauveur. Le plus mauvais goût règne dans ces cantiques ; cependant il en est un que je crois devoir citer, parce qu'il peut offrir quelque intérêt à ceux qui s'occupent de l'histoire du commerce de la ville de Lyon. *Tout réjoui d'avoir trouvé une occasion favorable pour demander le rétablissement des métiers de sa communauté* qui avaient été supprimés par les derniers réglemens sur la fabrique des étoffes de soie, un *taffetatier*, en faisant son offrande, chante sur l'air : *Prenez mon cœur et n'en prenez point d'autres* :

Ne dédaignez pas les petits services
Que vous offre notre communauté ;
Puisque vous endurez tant de supplices,
Pour la tirer de la captivité.

S'ils étoient doués de grandes richesses,
Ils vous feroient ici beaucoup de biens,
Et vous verriez beaucoup plus leurs largesses,
S'ils avoient davantage de moyens.

Mais maintenant nonobstant notre adresse,
C'est pitié de tous les taffetatiers ;
A présent on nous tourmente sans cesse,
Et on veut mettre à bas tous nos métiers.

Mais pourtant pour vous faire de doublure,
Prenez, Poupon, ce taffetas rayé ;
Et vous qui venez sauver la nature,
Remettez aussi nos métiers sur pié.

On pourrait faire un recueil fort curieux des chansons faites par nos ouvriers en soie, à diverses époques ; pendant l'hiver rigoureux de 1789, réduits à une extrême misère, ils chantaient une espèce de complainte qui avait pour refrain :

Que ferons-nous, que dirons-nous,
En attendant la récolte nouvelle ?

31 Un courtisan du siècle de Louis XIV, dont le nom est resté inconnu, et que quelques bibliographes croient être le caustique Saint-Simon, a peint Camille sous des traits un peu différens, dans le commentaire bizarre et passionné qu'il a ajouté à quelques articles des *Mémoires* de Dangeau : « Cet archevêque, dit-il, frère et oncle de deux maréchaux de Villeroy, peut être considéré comme le dernier seigneur qui ait été en France. Il commandait à Lyon et dans tout le gouvernement avec une pleine autorité, sans inspection de personne, et rien ne s'y faisait que par lui. Il avait un grand équipage de chasse, et, devenu aveugle sur la fin de sa vie, il allait encore à la chasse à cheval entre deux écuyers. Il vivait magnifiquement. Tout tremblait devant lui, la ville, les troupes, jusqu'à l'intendant. Nul intendant n'y subsista qu'à titre de son valet à l'aveugle. C'était un petit prestolet à mine de curé de village, aussi haut que son frère était souple, qui le menait à la baguette, et son neveu au bâton, qui avait plus d'esprit et de sens encore que son frère, fut peu archevêque et moins commandant que roi de ces provinces qu'il ne quittait presque jamais. » *Essai sur l'établissement monarchique de Louis XIV*...... par P. E. Lémontey, pag. 80. Je ne réfuterai point ce qu'il y a d'outré et même de faux dans le portrait qu'on vient de lire : c'est, au reste, le seul morceau satirique que j'aie découvert contre l'illustre prélat dans le cours de mes longues recherches, partout je l'ai vu comme l'a récemment représenté un digne et savant ecclésiastique, *gen*-

tilhomme affable et magnifique , l'homme de confiance du roi et l'idole de la ville. Voy. *l'Origine de l'église de Lyon.....* (par M. l'abbé Jacques). Lyon , Rusand , 1826, in-8°, pag. 94.

32 Camille se levait à quatre heures du matin. Après avoir donné quelque temps à la prière , il appelait un de ses aumôniers pour dire son bréviaire. Il disait tous les jours la messe , à moins qu'il n'en fût empêché par la goutte qui était sa maladie ordinaire. Il donnait le reste du jour aux affaires de l'église et de l'état. Guichenon , *in fine*.

33 « Ce Canaple était un vieil imbécille qui avait commandé » à Lyon, où il donnait la bénédiction dans les rues, de son » carrosse , comme l'archevêque ; voulait donner des démissions » (*sic* pour *démissoires* ou dimissoires) , et user, comme com» mandant , de toute la juridiction ecclésiastique ; on en riait , » et on le laissait faire. » Note du courtisan anonyme sur un article des *Mémoires* de Dangeau , pag. 143 de l'ouvrage de Lémontey, déjà cité.

34 Brossette , *Eloge historique de la ville de Lyon* , pag. 136.

***

www.ingramcontent.com/pod-product-compliance
Ingram Content Group UK Ltd.
Pitfield, Milton Keynes, MK11 3LW, UK
UKHW020540230726
13925UKWH00006B/2391